En Español

Entrenamiento deportivo

Baloncesto

Jack Otten

The Rosen Publishing Group's
Editorial Buenas Letras™
New York

Published in 2003 by The Rosen Publishing Group, Inc.
29 East 21st Street, New York, NY 10010

Copyright © 2003 by The Rosen Publishing Group, Inc.

First Edition in Spanish 2003
First Edition in English 2002

Book Design: Erica Clendening

Photo Credits: Cover, pp. 6–21 by Maura Boruchow; p. 4 © Lawrence Migdale/Stone; p. 5 © Tom Hauck/Allsport

Thanks to the Beverly Hills Middle School

Otten, Jack.
    Baloncesto / por Jack Otten ; traducción al español: Spanish Educational Publishing
    p. cm. — (Entrenamiento deportivo)
    Includes bibliographical references (p.) and index.
    ISBN 0-8239-6849-9 (lib. bdg.)
    1. Basketball—Training—Juvenile literature. [1. Basketball. 3. Spanish Language Materials.]
    I. Title. II. Series: Otten, Jack. Sports training.

    GV885.1.O82 2001
    796.323—dc21
                                    2001000650

Manufactured in the United States of America

Contenido

Introducción

Kobe Bryant es jugador profesional de baloncesto. Muchos jóvenes aprenden mirando jugar a los profesionales. Los jóvenes practican juntos.

Calentamiento

Este equipo tiene práctica.
El entrenador empieza la práctica
con ejercicios de calentamiento.
Estiran los brazos y las piernas.

Los jugadores corren
alrededor de la cancha.
Correr fortalece las piernas.
Los jugadores necesitan tener
las piernas fuertes para saltar.

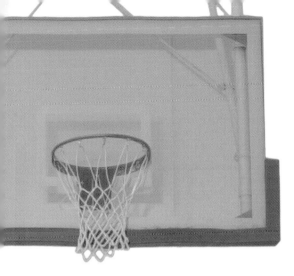

Tiros libre

El entrenador demuestra
cómo lanzar un tiro libre.
El jugador alza el balón
y dobla las piernas.

El balón se lanza en un arco impulsándose con las piernas. Se apunta al aro de la canasta.

Los jóvenes practican tiros libres.
Saltan y lanzan el balón.

Tapar y bloquear

El entrenador enseña a tapar.
El jugador alza los brazos.
Luego corre a parar el balón.

El entrenador enseña a bloquear.
Un jugador corre por el balón
antes de que llegue a su destino.
Se roba el pase.

Rebotar

El entrenador enseña a rebotar.
Hay que mirar el aro
mientras otro jugador lanza
el balón a la canasta.

Los jugadores saltan
después de que
el balón toca el aro.
Uno lo agarra.
Consigue el rebote.

El equipo juega un partido de práctica. Juegan como les enseñó el entrenador.

Después de la práctica,
el entrenador los felicita.
El equipo está aprendiendo
a jugar bien al baloncesto.

Glosario

aro (el) borde de la canasta de donde cuelga la red

calentamiento (el) ejercicios para calentar los músculos

cancha (la) superficie con líneas para jugar al baloncesto

practicar hacer algo muchas veces para adquirir habilidad

profesional atleta que gana dinero por su deporte

rebotar agarrar el balón después de que toca el aro de la canasta

tablero (el) plancha de madera o de vidrio que está detrás de la canasta

tiro libre (el) lanzamiento del balón a la canasta desde una posición fija

Recursos

Libros

Basketball in Action
John Crossingham y Sarah Dann
Crabtree Publishing (2000)

Basketball's Greatest Players
Sydelle A. Kramer
Random House, Inc. (1997)

Sitios web

Debido a las constantes modificaciones en los sitios de Internet, PowerKids Press ha desarrollado una guía on-line de sitios relacionados al tema de este libro. Nuestro sitio web se actualiza constantemente. Por favor utiliza la siguiente dirección para consultar la lista:

http://www.buenasletraslinks.com/ed/balsp/

Índice

Número de palabras: 230

Nota para bibliotecarios, maestros y padres de familia

Si leer es un reto, ¡Reading Power en español es la solución! Reading Power es ideal para lectores hispanoparlantes que buscan un nivel de lectura accesible en su propio idioma. Ilustrados con fotografías, estos libros presentan la información de manera atractiva y utilizan un vocabulario sencillo que tiene en cuenta las diferencias lingüísticas entre los lectores hispanos. Relacionando claramente texto con imágenes, los libros de Reading Power dan al lector todo el control. Ahora los lectores cuentan con el poder para obtener la información y la experiencia que necesitan en un ameno formato completamente ¡en español!

Note to Librarians, Teachers, and Parents

If reading is a challenge, Reading Power is a solution! Reading Power is perfect for readers who want high-interest subject matter at an accessible reading level. These fact-filled, photo-illustrated books are designed for readers who want straightforward vocabulary, engaging topics, and a manageable reading experience. With clear picture/text correspondence, leveled Reading Power books put the reader in charge. Now readers have the power to get the information they want and the skills they need in a user-friendly format.